BOEKANALYSE

AF142005

Blindheid

• • • • • • • • • • • • • • • • •

JOSÉ SARAMAGO

BOEKANALYSE

Geschreven door Danny Dejonghe
Vertaald door Nikki Claes

Blindheid

JOSÉ SARAMAGO

JOSÉ SARAMAGO

PORTUGESE SCHRIJVER EN JOURNALIST

- **Geboren in Azinhaga, Portugal in 1922**
- **Overleden in Lanzarote (Canarische Eilanden, Spanje) in 2010**
- **Opmerkelijke werken:**
  - *Het evangelie volgens Jezus Christus* (1991), roman
  - *The Double* (2002), roman
  - *Seeing* (2004), roman

José Saramago werd in 1922 in Portugal geboren in een eenvoudige familie. Op 12-jarige leeftijd moest hij van school af om een opleiding tot slotenmaker te volgen. Hij probeerde verschillende banen uit, werkte als journalist voor *Diário de Notícias* en vervolgens als vertaler voordat hij een carrière in de literatuur begon. Zijn eerste roman, *Terra do Pecado* (*Land van de zonde*), verscheen in 1947, maar pas met de publicatie van zijn eerste vertaalde werk in 1982, *Baltasar en Blimunda*, kreeg hij erkenning voor zijn werk.

Saramago was lid van de communistische partij en vluchtte in 1991 naar de Canarische Eilanden toen zijn werk *Het evangelie volgens Jezus Christus* in zijn land als godslasterlijk werd beoordeeld en gecensureerd. Na eredoctoraten van talrijke Franse universiteiten ontving hij in 1995 de Camões-prijs, de meest prestigieuze literatuurprijs in Portugal. Drie jaar later won hij de Nobelprijs voor literatuur. Zijn werken, waaronder romans, essays, poëzie en toneelstukken, zijn in talloze talen vertaald en over de hele wereld gepubliceerd.

BLINDHEID

HET VERVAL VAN DE SAMENLEVING DOOR DE METAFOOR VAN BLINDHEID

- **Genre:** roman

- **Referentie-uitgave:** Saramago, J. (2013) *Blindness*. Trans. Pontiero, G. Londen: Vintage Books.

- **Eerste uitgave:** 1995

- **Thema's:** blindheid, opsluiting, apocalyptische wereld, rebellie, waanzin, hoop, geweld, dictatuur, anarchie, ontmenselijking, barbarij, overleven

Blindheid, oorspronkelijk gepubliceerd in Portugal in 1995, werd drie jaar later in het Engels vertaald en uitgegeven door Harcourt. Het begint allemaal in een kosmopolitische en drukke, maar naamloze stad. Bij een verkeerslicht komt een auto tot stilstand en de bestuurder wordt plotseling blind. Dit wordt gevolgd door een reeks soortgelijke verschijnselen.

De door deze blindheidsepidemie getroffen mensen worden in quarantaine geplaatst in een gesticht met erbarmelijke leefomstandigheden waarin de samenleving ontmenselijkt is. Ondanks deze sombere sfeer is er toch een sprankje hoop: iemand is gespaard gebleven van de besmetting. Het is de vrouw van de oogarts, die de blinden terug naar de beschaving zal leiden.

SAMENVATTING

EEN BLINDHEIDSEPIDEMIE

In een niet nader genoemde stad is een chauffeur gestopt op een kruispunt wanneer hij plotseling zijn zicht verliest. Een jongeman biedt aan hem naar huis te rijden, maar maakt misbruik van hem en steelt zijn auto. Deze jongeman wordt vervolgens zelf blind. De eerste blinde man gaat samen met zijn vrouw naar een oogarts. Er zitten verschillende mensen in de wachtkamer: een mooie jonge vrouw die een getinte bril draagt om haar bindvliesontsteking te verbergen, een jongen die scheel ziet en een oude man die geopereerd moet worden aan zijn staar en een ooglapje draagt. De dokter is verbijsterd over de ziekte van de man; hij merkt op dat de patiënt blind is, maar dat het oog onbeschadigd is. Die nacht, terwijl hij deze "ziekte" onderzoekt, verliest de dokter zijn gezichtsvermogen.

De autoriteiten, gewaarschuwd voor dit verschijnsel, zetten alle besmettelijke blinden in quarantaine in een gesticht. Onder hen zijn de oorspronkelijke blinde man, de autodief, de jonge vrouw met bindvliesontsteking en het scheelziende kind. De oogarts en zijn vrouw zijn er ook, hoewel de laatste alleen maar doet alsof ze blind is om bij haar man te kunnen blijven. Later komen de oude man met de ooglap, de vrouw van de eerste blinde en de secretaresse van de oogarts. De lijders besluiten de ziekte het witte kwaad te noemen, omdat ze alleen maar wit zien.

ONTMENSELIJKTE SAMENLEVING

De omstandigheden in het gekkenhuis zijn bijna onmenselijk en lijken sterk op die van de nazi-concentratiekampen. De patiënten krijgen weinig voedsel of verzorging, het gebouw is vuil en zit altijd vol met nieuwe patiënten die elke dag met tientallen aankomen, en iedereen wordt in de gaten gehouden door bewakers die klaar staan om iedereen neer te schieten die probeert te ontsnappen. Het is de jonge autodief die dit lot ondergaat wanneer hij probeert te vluchten, ondanks een verwonding aan zijn dij die de jonge vrouw hem heeft toegebracht nadat hij een ongepast gebaar had gemaakt.

Ondanks haar vele pogingen om besmet te raken, verzet de vrouw van de dokter zich tegen de epidemie, maar blijft ze doen alsof ze blind is om niet te worden uitgesloten. Het feit dat zij nog steeds kan zien, stelt haar in staat de weg te vinden en de blinden te helpen met verschillende dagelijkse taken, waardoor zij een soort gids voor hen wordt.

Door de grote toestroom van patiënten besluiten de autoriteiten de ziekte uit te roeien door "grootschalige liquidatie" (p. 81) en zo worden verschillende patiënten door de bewakers doodgeschoten. Als reactie hierop besluiten de blinden zich te verenigen en elkaar te steunen. Maar deze eensgezindheid duurt niet lang en maakt plaats voor eigenbelang: er ontstaat ruzie, met name bij de verdeling van het voedsel, omdat iedereen meer wil dan zijn deel, of wanneer het lawaai dat sommigen maken de slaap van anderen verstoort. De micro-samenleving die ontstaat stelt de individuele behoeften boven de collectieve behoeften. De situatie verslechtert met de komst van de laatste blinden, waarvan de meerderheid misdadigers zijn die het voedsel rantsoeneren en de anderen dwingen hen te betalen; wie weigert wordt geslagen.

HET GEWELD NEEMT TOE

Al snel vestigen de nieuwkomers een dictatuur en naarmate de dagen verstrijken, neemt de gruwel toe. Hadden de blinde boeven zich eerst beperkt tot het rantsoeneren van voedsel, nu eisen ze vanwege hun sterke seksuele honger vrouwen, die ze verkrachten, in ruil voor voedsel. Terwijl sommige vrouwen besluiten in opstand te komen, besluit een groep van zeven vrouwen, waaronder de vrouw van de oogarts en de vrouw met de donkere bril, zich over te geven aan de barbaarse groep zodat ze kunnen blijven eten. Ze worden bruut verkracht, waarbij één vrouw aan haar verwondingen overlijdt. De seksuele afpersing gaat door en de vrouw van de dokter doodt uiteindelijk de leider van de boeven.

In plaats van de situatie te sussen, wordt de overleden leider al snel vervangen door een andere, een boekhouder die tot dan toe ongevaarlijk was. Hij besluit de andere gevangenen alle voedsel te ontnemen, terwijl de autoriteiten hebben besloten hen niet langer te bevoorraden. Enkele mensen, waaronder de oogarts en zijn vrouw, de eerste blinde man en zijn vrouw, de jonge jongen, de jonge vrouw met bindvliesontsteking en de oude man met de ooglap bedenken een plan om het voedsel van de boeven te stelen.

Even later besluit de groep gevangenen met alle mogelijke middelen in opstand te komen, wat leidt tot een episch gevecht. Deze eindigt echter in een nederlaag. Uiteindelijk steekt een onbekende vrouw het gebouw in brand, waardoor de boeven worden verslagen en tegelijkertijd het gesticht wordt vernietigd. Iedereen is weer vrij om de stad in te gaan.

DE BLINDEN IN DE STAD

Bij het verlaten van het gesticht voelen de blinden zich gedesoriënteerd en bang als ze de omgeving om hen heen herontdekken. Ze beseffen dat iedereen in de stad blind is geworden, wat betekent dat het ieder voor zich is wat eten en drinken betreft. Nadat de vrouw van de oogarts onderdak heeft gevonden voor de groep, besluit zij op zoek te gaan naar voorraden en vindt een kelder vol, die ontoegankelijk is voor de blinden. Ze keert terug naar haar vrienden in de schuilkelder en voedt hen.

Weer op krachten gekomen, besluiten ze op zoek te gaan naar het huis van elke persoon. Het eerste huis dat ze bezoeken is dat van de jonge vrouw met de donkere bril, die hoopt haar ouders te vinden. Helaas zijn die verdwenen. De volgende ochtend keren ze terug naar de stad en komen aan in de wijk waar de dokter en zijn vrouw wonen. In hun appartement herontdekt de groep de smaak van water en het plezier om zich te kunnen wassen. Na er de nacht te hebben doorgebracht, besluit de vrouw van de oogarts weer te vertrekken op zoek naar voedsel. De eerste blinde man en zijn vrouw gaan met haar mee, in de hoop terug te keren naar hun huis. Maar ze ontdekken dat een schrijver en zijn gezin het hebben overgenomen. Het echtpaar, dat nu bij de groep woont, besluit de schrijver toe te staan er te blijven, want privé-eigendom is een van de vele begrippen die de bevolking sinds de blindheidsepidemie is vergeten.

ZICHT KEERT TERUG

De volgende dag, tijdens een nieuwe expeditie op zoek naar voedsel, constateren de oogarts en zijn vrouw dat het van kwaad tot erger gaat in de stad:

> *"De toestand van de straten werd met het uur slechter. Het vuilnis leek tijdens de uren van duisternis toe te nemen, het was alsof ze van buitenaf, uit een onbekend land waar ze nog een normaal leven hadden, 's nachts hun vuilnisbakken kwamen legen..." (blz. 293).*

Als ze bij de winkel aankomen, ontdekt de vrouw tientallen lichamen op de trap die naar de schuilplaats leidt. Geschokt door wat ze ziet, stort ze in. Met de hulp van haar man weet ze zich een weg te banen naar een religieuze tempel, waar het echtpaar een andere alarmerende ontdekking doet: alle religieuze figuren (Jezus, Maria, de heiligen, enz.) zijn geblinddoekt.

Na een karige maaltijd keren ze terug naar het appartement. Die nacht gebeurt er een wonder: de eerste blinde man krijgt zijn zicht even plotseling terug als hij het verloor. Hetzelfde gebeurt snel voor elk lid van de groep en ook voor de rest van de stad. De reden voor deze plotselinge blindheid en het herstel blijft voor altijd een mysterie.

KARAKTERSTUDIE

DE EERSTE BLINDE MAN

De eerste blinde man verliest plotseling zijn zicht terwijl hij voor een rood licht stopt. Iemand komt hem helpen, maar maakt misbruik van de situatie en steelt zijn auto. Vanaf dat moment koestert de eerste blinde man wrok tegen de dief.

Dit personage heeft geen centrale rol; hij komt vooral voor wanneer hij de expedities naar de andere asielslaapzalen leidt of wanneer hij zijn groep moet helpen voedsel te vinden. Hij houdt veel van zijn vrouw en is nooit van haar gescheiden. Hij is ook zeer bezitterig tegenover haar: wanneer zij besluit zich aan de boeven te geven, beveelt hij haar niet te gaan. Hij is ook de eerste die zijn gezichtsvermogen terugkrijgt.

DE AUTODIEF

Deze jongeman biedt zich aan om de eerste blinde man naar huis te brengen, maar maakt misbruik van de situatie door zijn auto te stelen. Op zijn beurt verliest hij zijn eigen zicht en wordt met de anderen in quarantaine geplaatst in het gesticht.

Binnen de gemeenschap gedraagt hij zich ongepast, vooral bij de vrouwen. Een van de vrouwen verdedigt zich en verwondt zijn been ernstig. Wanneer hij de opsluiting niet langer kan verdragen, probeert hij te ontsnappen, maar hij wordt gedood door de bewakers die het gebouw bewaken voordat hij de uitgang bereikt.

DE JONGE VROUW MET DE DONKERE BRIL

Deze jonge vrouw gaat naar de oogarts voor conjunctivitis; een paar uur later verliest ze haar zicht.

Ze lijkt van mannelijk contact te houden, maar laat nooit met zich sollen als ze zich ergert en toont zich een sterk karakter. Ze is ook beschermend en moederlijk met zowel het jongetje met een schele blik als de vrouw van de oogarts wanneer ze haar op de rand van een zenuwinzinking aantreft.

Bij haar terugkeer in de stad gaat ze op zoek naar haar appartement dat ze met haar ouders deelde, maar ze vindt er niemand. Aan het eind van het boek wil ze gaan samenwonen met de oude man met de ooglap, met wie ze op een nacht een omhelzing had gedeeld, maar ze beweert niet verliefd op hem te zijn. Zij is de tweede die uiteindelijk haar gezichtsvermogen terugkrijgt.

DE OUDE MAN MET DE OOGLAP

Deze oude man is een andere patiënt van de oogarts die blind is geworden. Wanneer hij in het gesticht aankomt, brengt hij alleen een radio mee zodat hij en zijn metgezellen op de hoogte kunnen blijven van wat er buiten gebeurt. Wanneer de boeven arriveren is hij discreter, omdat hij niet wil dat het enige wat hij bezit wordt gestolen. Vanaf dat moment luistert hij alleen naar het nieuws, verborgen onder zijn beddengoed, voordat hij de anderen een samenvatting geeft van wat hij heeft gehoord.

Aan het einde van de roman bekent hij dat hij wil samenwonen met de jonge vrouw met de donkere bril.

DE OOGARTS

De arts heeft vier blinden geconsulteerd voordat hij zelf door de blindheid werd getroffen. Ondanks zijn onderzoek kan hij de oorsprong van de ziekte niet verklaren. Wanneer hij zijn zicht verliest, wordt hij met zijn vrouw opgesloten in het gesticht waar hij wordt aangewezen als 'leider van de barak'. Gedurende het hele verhaal vertegenwoordigt hij de stem van de rede.

Hij is ook een sterke steun voor zijn vrouw, die doet alsof ze blind is. Terwijl de anderen de verschrikking alleen waarnemen met hun andere zintuigen, is zij zich bewust van alles wat er gebeurt en krijgt ze meermaals bijna een zenuwinzinking.

Hij is de derde persoon die aan het eind van het boek zijn gezichtsvermogen terugkrijgt.

DE VROUW VAN DE OOGARTS

De vrouw van de oogarts is de enige in het verhaal die niet blind wordt en er wordt geen fysieke of psychologische verklaring voor gegeven. Dit roept de vraag op: "Waarom zij?" Zonder twijfel ligt een deel van het antwoord in het feit dat zij een vrouw is met een sterke moraal: ze is gevoelig en vrijgevig, en ze gebruikt haar macht niet om te domineren, maar om haar naasten te helpen.

Door te doen alsof ze blind is om haar man naar het gesticht te begeleiden, blijkt ze bovendien een belangrijke hulp te zijn voor de blinden. Of ze hen nu naar het toilet brengt, hun eten ophaalt of zelfs haar man helpt de doden te begraven (een taak die de gevangenen op zich moeten nemen), ze speelt haar rol als gids. Ze zorgt ervoor dat de groep niet in complete verdorvenheid vervalt en helpt hen enige waardigheid te behouden.

Ze is gewoonlijk een vrouw met stalen zenuwen, maar ze begint uit elkaar te vallen wanneer de levensomstandigheden van de gevangenen onmenselijk worden. Zij is het ook die de leider van de boeven doodt. Wanneer het gesticht in brand wordt gestoken en de groep op straat belandt, is zij belast met de rantsoenering. Het is dankzij haar vermogen om te zien dat ze onmiddellijk kan vinden wat ze zoekt. Als ze een trap ziet naast een lift die niet meer werkt, gaat ze naar beneden en ontdekt ze een kamer vol voedsel.

Gedurende de roman wordt ze zich bewust van haar rol als beschermer en van de psychologische veranderingen die de nieuw-blinde bevolking heeft ondergaan. Wanneer iedereen zijn gezichtsvermogen terugkrijgt, is ze overweldigd door vreugde in de wetenschap dat haar beproeving eindelijk voorbij is.

DE BENDE BLINDE BOEVEN

De groep blinde boeven arriveert kort na de eerste protagonisten in het gesticht. Tot op zekere hoogte vertegenwoordigen zij de machthebbers aan de top van totalitaire samenlevingen, die meer rechten verwachten dan anderen. Zij zijn het ook die de gevangenen gijzelen om hun eten te krijgen en ze aarzelen niet om gewapend geweld te gebruiken om te krijgen wat ze willen. Naast het stelen beperken zij de vrijheid van de anderen, verbieden hen de toiletten en verkrachten de vrouwen. De auteur gebruikt vaak dierlijke woorden om hun gedrag te beschrijven.

De hele groep komt om in de brand in het gesticht, aangestoken door een onbekende vrouw.

De blinde accountant

Binnen de gelederen van de blinde boeven is er een accountant die in braille leest en schrijft. Hij lijkt enige spijt te hebben van de systemen die zijn groep heeft opgezet. Hoewel hij aanvankelijk hun overtuigingen niet lijkt te delen, blijft hij bij de groep voor het materiële comfort dat het hem brengt.

Wanneer de vrouw van de oogarts de leider van de boeven doodt, besluit de blinde accountant zijn pistool te pakken en roept zichzelf uit tot leider. Hij wordt een veel hardere leider dan de vorige en gaat zelfs zover dat hij de andere gevangenen van voedsel berooft. Binnen zijn groep lijdt hij echter aan een wreed gebrek aan gezag:

> *"Na de tragische dood van hun eerste leider was alle geest van discipline of gevoel voor gehoorzaamheid verdwenen in de afdeling, de ernstige fout van de blinde boekhouder was dat hij dacht dat het voldoende was om het geweer in bezit te nemen om zich de macht toe te eigenen, maar het resultaat was precies het tegenovergestelde, elke keer dat hij vuurt, slaat het schot terug, met andere woorden, met elk afgevuurd schot verliest hij een beetje meer gezag..." (blz. 199).*

Hij sterft in de brand in het gesticht samen met de andere blinde boeven.

ANALYSE

FANTASIE IN DE ROMAN-ESSAY

Het werk van José Saramago is te vergelijken met een roman-essay. De overeenkomsten tussen zijn verhaal en het essay-genre blijken al uit de titel. *Blindheid* was oorspronkelijk getiteld *Ensaio sobre a Cegueira, wat* vertaald kan worden als *"Essay over blindheid"*. Zelf geeft hij zijn liefde voor dit genre toe, omdat het hem in staat stelt bepaalde zorgen of obsessies te overwinnen.

In *Blindheid* gebruikt de auteur een eenvoudig uitgangspunt, maar voegt er een fantasie-element aan toe: als iedereen tegelijkertijd zijn gezichtsvermogen zou verliezen, hoe zou de samenleving dan reageren? Door een van onze vijf zintuigen weg te nemen, zet de auteur ons aan het denken over onze menselijke conditie. We denken daardoor dat alles wat we bezitten van ons is. Toch is de werkelijkheid niet zo inschikkelijk en kan alles van de ene op de andere dag omvallen. Terwijl ze blind zijn, lijken de personages volledig de weg kwijt en in een paar weken tijd is de hele maatschappij in chaos.

In *Blindheid* onderneemt Saramago een literair, filosofisch en sociologisch experiment door een fantastisch element te introduceren in een levensecht universum, om vervolgens te kijken wat er gebeurt.

EEN METAFORISCHE ROMAN

Blindheid is Saramago's eerste metaforische roman. Deze literaire stijl gebruikt sterke beeldspraak om een concept, een abstracte werkelijkheid, tot leven te wekken. Een populaire stijl in de Middeleeuwen – vooral dankzij *Le Roman de la Rose* (13DE eeuw) van Guillaume de Lorris (Franse dichter, rond 1200-rond 1238) en Jean de Meung (Franse dichter, rond 1240-rond 1305), waarin de roos staat voor een geliefde vrouw – kwam weer in de mode met de roman *De pest* (1947) van Albert Camus (Franse schrijver, 1913-1960), waarin de pest algemeen wordt gezien als een voorstelling van het nazisme.

DE BLINDHEIDSEPIDEMIE: EEN METAFOOR, MAAR WAARVOOR?

Wat Saramago's roman betreft, lijkt hij niet bereid de verborgen betekenis achter de plotselinge blindheid uit te leggen, omdat dit volgens hem "de lezer meer dingen zou kunnen doen begrijpen dan koude, wetenschappelijke beschrijvingen zouden doen..." (Amorim, 2010: 102). Bovendien, ook al blijft het mysterie bestaan, kunnen we ons de intenties van de auteurs voorstellen "om het bewustzijn te wekken door de lezer uit te nodigen tot diepere reflectie" (*ibid.*: 4). En dit ontwaken van het bewustzijn zou universeel moeten zijn: het treft de hele mensheid via niet-geïdentificeerde personages die zich ontwikkelen in een onbepaalde tijd en ruimte.

Zoals Camus in *De Pest* wil de auteur de lezer waarschuwen: is de blindheid die bijna de hele bevolking van een stad treft niet een metafoor voor de onwetendheid en het bedrog die de mens altijd tot het niveau van de beesten hebben gebracht en nog steeds brengen? Belichaamt het egoïsme, onverdraagzaamheid en het feit dat we in feite blind zijn voor wat er voor onze ogen gebeurt? Aangezien Saramago geen expliciet antwoord geeft, is het aan de lezer om zijn eigen antwoord te vinden.

EEN METAFOOR VOOR CONCENTRATIEKAMPEN

Hoewel het mogelijk is de blindheidsepidemie te zien als een voorstelling van de verharding van onze samenleving, verschijnt er een explicietere metafoor in de roman: die van de concentratiekampen. Bij het lezen van de levensomstandigheden van de patiënten in het gesticht is het onmogelijk om niet te denken aan de concentratiekampen die door de nazi's tijdens de Tweede Wereldoorlog (1939-1945) werden gebruikt. Er zijn talrijke parallellen:

• De blinden worden gescheiden in verschillende slaapzalen, afhankelijk van de oorzaak van hun ziekte (of ze die oorspronkelijk hadden of besmet waren). Dit is vergelijkbaar met de manier waarop de nazi's de mannen en vrouwen scheidden bij binnenkomst in de kampen om vervolgens te kiezen wie het meest geschikt was om te werken;

• De levensomstandigheden zijn bijzonder moeilijk. Het is vuil en het voedsel is gerantsoeneerd en beperkt;

• Het asiel wordt bewaakt door soldaten die het bevel hebben iedereen neer te schieten die probeert te vluchten, net als tijdens de Tweede Wereldoorlog;

• Net zoals de gevangen Joden in grote groepen werden uitgeroeid in de nazikampen, besluiten de autoriteiten in *Blindheid* om een groot deel van de besmette mensen te elimineren;

- Ten slotte worden de gevangenen van het gesticht, net als de slachtoffers van de kampen, ontmenselijkt. De levensomstandigheden zijn zo slecht dat ze beetje bij beetje datgene verliezen wat hen menselijk maakt.

HET THEMA ONTMENSELIJKING

Ontmenselijking is een zeer aanwezig thema in Saramago's roman. Terwijl het begint met de gruwelijke omstandigheden in het gesticht, in een soort psychologisch isolement, gaat het verder nadat ze de inrichting hebben verlaten: de straten van de stad zijn vol chaos, gruwel, abjecte vuilheid en vernederingen voor de mens (afval, uitwerpselen, kadavers, enz.).

> *"Hij wist dat hij vies was, viezer dan hij zich ooit in zijn leven had kunnen herinneren. Er zijn vele manieren om een dier te worden, dacht hij, dit is slechts de eerste." (p. 89)*

Toch is het de overleving van de sterkste en de overlevingsinstincten die de overhand hebben.

Bovendien betekent het feit dat geen enkel personage een naam krijgt weliswaar dat het universeel is, maar het versterkt ook het fenomeen van dehumanisering. De hoofdpersonen worden alleen onderscheiden door hun baan (zoals de oogarts), hun rol in de plot (zoals de eerste blinde man) of door hun fysieke kenmerken (zoals de oude man met de ooglap).

Op dezelfde manier is het feit dat de hoofdpersonen hun zicht verliezen, in tegenstelling tot de andere zintuigen, misschien een teken van een samenleving die een stap terug heeft gedaan van de cultuur – en dus van haar menselijkheid. Zijn ogen immers niet noodzakelijk om toegang te krijgen tot sommige vormen van kunst, zoals het bewonderen van een schilderij of het bewonderen van een dansvoorstelling?

VERDERE REFLECTIE

ENKELE VRAGEN OM OVER NA TE DENKEN...

- *De Pest* van Albert Camus kan beschouwd worden als een metaforische roman, net als *Blindheid*. Vergelijk de twee werken.

- In deze gids hebben we de detentieomstandigheden van de blinden vergeleken met die van de Joden in de concentratiekampen. Vergelijk het asiel in *Blindheid* met de beschrijving van de concentratiekampen in *Le Mort qu'il faut* (2001) van Jorge Semprún en *If this is a Man* (1947) van Primo Levi.

- De roman presenteert verschillende maatschappelijke modellen, zowel binnen het gesticht als daarbuiten. Vergelijk ze; welke verschillen en overeenkomsten kun je opmerken?

- *Blindheid* vertegenwoordigt een samenleving die door blindheid omver wordt geworpen en de noodzakelijke opbouw van een nieuwe samenleving. Kent u andere romans met hetzelfde uitgangspunt?

- De reden waarom iedereen aan het eind van de roman weer gaat zien, blijft een raadsel. Stel een hypothese op om de plotselinge blindheid en de terugkeer van het gezichtsvermogen te verklaren.

- Als je plotseling blind zou worden, zoals de personages in de roman, wat voor houding zou je dan aannemen? In welke categorie zou je jezelf plaatsen?

- Ken je andere romans van José Saramago? Wat zijn de overeenkomsten en verschillen met *Blindheid*?

- Waarom heeft de auteur ervoor gekozen om de personages hun zicht te laten verliezen? Zouden we op dezelfde manier nadenken als het personage doof was geworden?

- Probeer een karakterschets voor de roman te maken: wie zijn de helden? Wat zouden de hoofdpersonen zoeken? Enz.

- Geef commentaar op de volgende passage:

  "Ik denk niet dat we blind zijn geworden, ik denk dat we blind zijn, Blind maar ziende, Blinden die kunnen zien maar niet zien." (p. 309).

VERDER LEZEN

REFERENTIE-UITGAVE

Saramago, J. (2013) *Blindness*. Trans. Pontiero, G. Londen: Vintage Books.

REFERENTIESTUDIES

Amorim S. (2010) *José Saramago. Kunst, theorie en ethiek van de roman*. Parijs: L'Harmattan.

Errera E. (2013) *José Saramago. Tous les discours de réception de prix Nobel de literature*. Parijs: Flammarion, pp. 248-266.

Fréjaville R. M. (2010) Les manifestations de l'horreur dans *Ensaio Sobre a Cegueira* de José Saramago. *Cahiers du CELEC*, uitgave 1. [Geraadpleegd 4 augustus 2016]. Beschikbaar op: <http://cahiersducelec.univ-st-etienne.fr/index.php?option=com_content&view=article&id=18%3Acahiers-du-celec-nd1&Itemid=2>

AANPASSINGEN

Blindness. (2008) [Film] Fernando Meirelles. Dir. Japan, Brazilië en Canada: Rhombus Media.

*We horen graag van jou! Laat
een reactie achter op jouw online bibliotheek
en deel je favoriete boeken op social media!*

Waarom kiezen voor Must Read?

Kom alles te weten over een boek met onze beknopte en diepgaande samenvattingen en analyses!

Ontdek het beste uit de literatuur in een compleet nieuw licht!

www.50minutes.com

De uitgever garandeert de betrouwbaarheid van de gepubliceerde informatie, die echter niet onder zijn verantwoordelijkheid valt.

www.50minutes.com

Master ISBN: 9782808688307
Papier ISBN: 9782808699709
Wettelijk depot: D/2023/12603/1250

Omslag: © Primento

Digitaal ontwerp: Primento, de digitale partner van uitgevers.